NUESTRA HUELLA EN LA TIERRA

EXPLOREMOS
LA CIENCIA

JEANNE STURM

Rourke
Educational Media
rourkeeducationalmedia.com

www.rourkeeducationalmedia.com

Edición de la versión en inglés: Kelli L. Hicks
Cubierta y diseño interior: Teri Intzegian
Traducción: Yanitzia Canetti
Adaptación, edición y producción de la versión en español de Cambridge BrickHouse, Inc.

ISBN 978-1-61810-473-1 (Soft cover - Spanish)

Rourke Educational Media
Printed in the United States of America,
North Mankato, Minnesota

www.rourkeeducationalmedia.com - rourke@rourkepublishing.com
Post Office Box 643328 Vero Beach, Florida 32964

Contenido

CAPÍTULO UNO

Tu huella humana

Piensa en un día normal: los alimentos que consumes, el agua que utilizas y los productos que compras. ¿Cómo vas de un lugar a otro? ¿Caminas o vas en bicicleta cuando es posible, en lugar de pedir un paseo en coche?

Ahhh, ¡un helado bien merecido sabe delicioso! Pero, ¿alguna vez te detuviste a pensar en la energía que se consume para hacer esas delicias y para enviarlas a los mercados locales?

Las decisiones que tomes, grandes o pequeñas, determinan el efecto de tu vida sobre el planeta, tu **huella humana**.

Montar bici no solo es divertido, sino que además es bueno para proteger el medio ambiente

Tu impacto sobre la Tierra varía en función del lugar donde vives. Algunos países afectan más el medio ambiente que otros. Los Estados Unidos, por ejemplo, con solo el 5 por ciento de la población mundial, utiliza un 25 por ciento de los recursos del mundo.

Las huella ecológica de los Estados Unidos es más grande que la de cualquier otra nación. Gran parte de este impacto se atribuye a la vida en la gran ciudad. Las ciudades tienen niveles más altos de contaminación del aire, por los automóviles y las fábricas, que las zonas rurales. El estado de California tiene la triste distinción de ser el hogar de muchas de las ciudades más contaminadas. Los Angeles, California, es la ciudad más contaminada de América.

CAPÍTULO DOS

Los combustibles fósiles y el medio ambiente

Antes de la **revolución industrial**, nuestro impacto sobre el planeta era bastante poco. Pero a mediados de 1700, se comenzó a reemplazar a los trabajadores por máquinas.

Allí donde la gente una vez se valió del viento, el agua y la madera para sus necesidades de energía, ahora se vale de los **combustibles fósiles**: el carbón, el petróleo y el gas natural para alimentar sus máquinas.

Las centrales eléctricas que queman carbón, producen más del peligroso dióxido de carbono que el que producen todos los coches, camiones, aviones y otros medios de transporte combinados.

Las plataformas de petróleo, como esta en el Golfo de México, perforan muy profundo en el fondo del mar para obtener gas natural y petróleo.

Estos combustibles fósiles se formaron hace cientos de millones de años, y todavía contienen el carbón que estaba presente en los organismos cuando estos murieron. Este carbón es lo que los convierte en una fuente de energía.

Sin embargo, cuando quemamos carbón, petróleo y gas natural para obtener energía, entra al mismo tiempo a la atmósfera demasiado carbono. El carbono se combina con el oxígeno para formar dióxido de carbono (CO_2), un gas con **efecto invernadero**.

Los gases con efecto invernadero están contribuyendo al **calentamiento global** porque atrapan mucha energía del Sol en la atmósfera de la Tierra.

¿Alguna vez has llegado tarde a algún lugar por estar atrapado en el tráfico? Para ti, el tráfico pesado es un problema temporal. Pero para la Tierra, todo el dióxido de carbono (CO_2) creado en los atascos de tráfico es un problema a largo plazo.

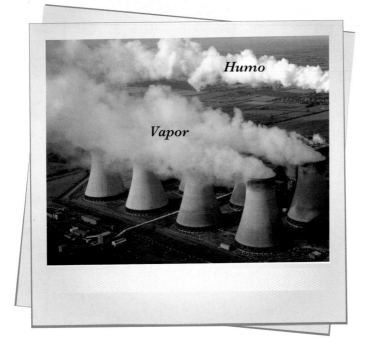

Humo

Vapor

Torres de enfriamiento, como las que se muestran aquí en la central nuclear de Cottam, liberan vapor a la atmósfera. Muchas personas confunden el vapor o el calor residual con los gases de efecto invernadero. El humo blanco que se muestra en la parte superior proviene de una chimenea de humo. Este humo sí es un gas con efecto invernadero.

Nuestra dependencia de los combustibles fósiles nos responsabilizan con el carbono que estos liberan, por lo tanto, nosotros hemos sido los culpables de añadir más dióxido de carbono al aire. En los últimos 200 años, el CO_2 en la atmósfera ha aumentado en un 25 por ciento. El mayor incremento se ha producido en los últimos 50 años. Algunos científicos predicen un aumento aún mayor en los próximos 20 años.

Cuando el Sol envía **energía solar** a la Tierra, el 70 por ciento es absorbida, y el 30 por ciento se refleja hacia el espacio. Los gases de efecto invernadero atrapan parte de la energía solar reflejada. Los gases de efecto invernadero han sido siempre necesarios para nuestra existencia en la Tierra. Sin ellos, la temperatura en la Tierra sería de alrededor de 90 °F (33 °C) más fría, como promedio.

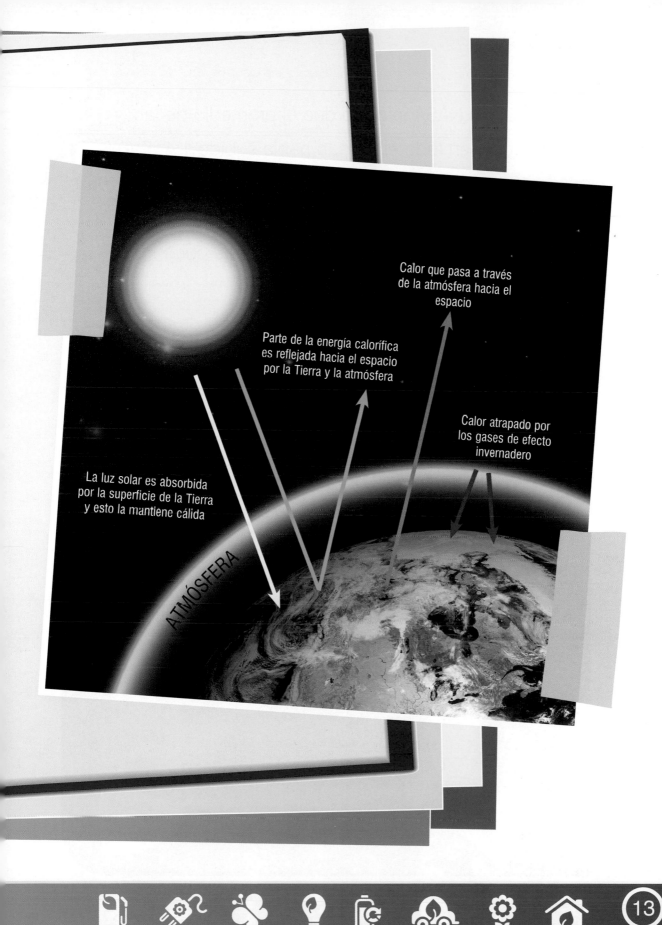

Calor que pasa a través de la atmósfera hacia el espacio

Parte de la energía calorífica es reflejada hacia el espacio por la Tierra y la atmósfera

Calor atrapado por los gases de efecto invernadero

La luz solar es absorbida por la superficie de la Tierra y esto la mantiene cálida

ATMÓSFERA

En 2007, la NASA informó que el promedio de las temperaturas en todo el mundo había subido 1,4 °F (0,8 °C) desde 1880. Vemos los efectos de esas temperaturas más cálidas en la desaparición de hielo del Ártico, el deshielo de los glaciares y la muerte de los arrecifes de coral.

AL GORE

En su libro, *Una verdad incómoda*, el ex-vicepresidente Al Gore describe los efectos de las emisiones de dióxido de carbono en el planeta. Mucha gente ve las predicciones de Gore sobre lo que ocurrirá si seguimos añadiendo gases de efecto invernadero a la atmósfera, como un llamado a la acción. Él considera que se tienen que tomar medidas para reducir el **calentamiento global** y preservar nuestro planeta.

La energía del Sol, del viento y de las olas del mar nos puede ayudar a **reducir** el uso de combustibles fósiles. Estas fuentes de energía nunca se agotarán y no liberan dióxido de carbono a la atmósfera. El cambio a **energía renovable** y limpia es un gran paso para ayudar a nuestro planeta.

ALTERNATIVAS A LOS COMBUSTIBLES FÓSILES

VIENTO

BIOCOMBUSTIBLE

AGUA

SOLAR

CAPÍTULO TRES

Los bosques tropicales

Los bosques tropicales juegan un importante papel en la salud del planeta. Durante la fotosíntesis, las plantas absorben el dióxido de carbono, el agua y la energía solar. Estas almacenan los hidratos de carbono (azúcares) y liberan el oxígeno que necesitamos.

Los bosques tropicales son el hogar de muchas plantas y animales, y nos proveen medicinas y alimentos que no se encuentran en ningún otro lugar del planeta.

¿EN QUÉ LUGAR DEL MUNDO PUEDES ENCONTRAR UN BOSQUE TROPICAL?

América Central

El Amazonas

África

Asia Meridional

Australia

Bosques tropicales del mundo

La gente está destruyendo los bosques para obtener madera y para darle paso a la ganadería, la agricultura y la minería. Una vez, los bosques tropicales cubrieron aproximadamente el 20 por ciento de la superficie terrestre. Hoy en día, el número está más cercano al 7 por ciento.

Cuando se talan los bosques tropicales, se pierde una importante fuente de oxígeno. Además, las plantas y animales que dependen de la selva tropical mueren al perder su hábitat.

Entre las aves afectadas por la pérdida de las selvas tropicales de América del Sur están los tucanes. Ellos usan sus grandes picos para alcanzar los frutos de las ramas pequeñas.

Cuando los madereros talan todos los árboles de un área, los resultados ecológicos pueden ser devastadores.

CAPÍTULO CUATRO

Los peligros de los pesticidas químicos

Los agricultores usan productos químicos para combatir insectos y malas hierbas en sus cultivos. Nosotros usamos muchas de las mismas sustancias químicas en los jardines. Funcionan, pero tienen efectos nocivos sobre el medio ambiente. Cuando llueve, el suelo absorbe esos productos. Estos penetran en el suelo y contaminan las aguas subterráneas, fuente de gran parte de nuestra agua potable.

Una manera mucho más saludable de controlar las plagas es utilizar controles biológicos. El control biológico de plagas se vale del enemigo natural de la plaga para reducir su población. ¿Qué hacer si los pulgones están destruyendo nuestros rosales? En vez de rociar tus rosales con plaguicidas, puedes llenar tu jardín de catarinas. Las catarinas se comerán a los pulgones y así tendrás un jardín libre de plagas y de plaguicidas.

RACHEL CARSON

Rachel Carson (1907-1964) fue una de las primeras en comprender los devastadores efectos de los plaguicidas químicos en la naturaleza. En 1962, publicó su libro *Primavera silenciosa*. El libro detalla los efectos nocivos para la vida silvestre que causa el uso del plaguicida DDT. A Carson se le atribuye el lanzamiento del movimiento ecologista en los Estados Unidos.

CAPÍTULO CINCO

Un cambio hacia fuentes de energía limpia

Las **fuentes no renovables** de energía, que incluyen los combustibles fósiles carbón, petróleo y gas natural, se acabarán con el tiempo. Las fuentes renovables de energía, que incluyen la energía del Sol y del viento, no solo son fuentes limpias de energía, sino que son inagotables. Nosotros recibimos suficiente energía solar para cubrir todas nuestras necesidades energéticas, solo tenemos que encontrar una manera de controlarla para que todos podamos aprovecharla.

Este panel solar utiliza láminas de silicio para absorber la luz del Sol.

Los paneles solares convierten la energía del sol en electricidad. Ellos proveen energía a las calculadoras, los satélites y las casas. En los países en desarrollo, estos paneles brindan energía para más de 1 millón de hogares. Los científicos están trabajando para encontrar una manera de utilizar la energía solar en una escala aún mayor.

Los colectores solares utilizan espejos curvos para capturar la energía solar y dirigirla a una tubería central. El líquido dentro de la tubería absorbe la luz solar concentrada, se calienta y produce vapor. El vapor entra entonces en una central eléctrica y se utiliza para producir energía.

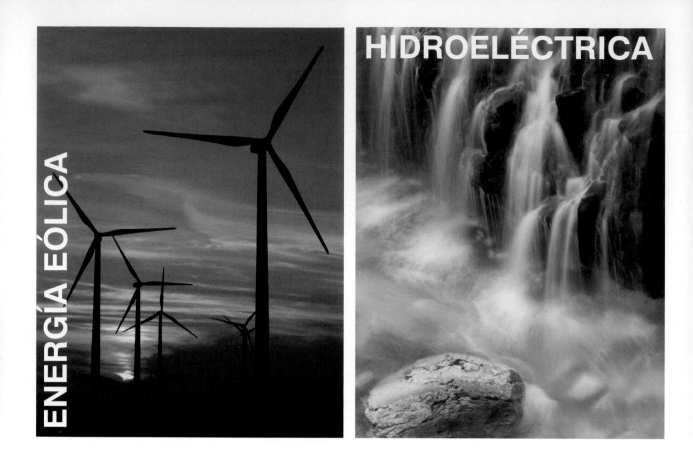

ENERGÍA EÓLICA

HIDROELÉCTRICA

Muchos científicos creen que la energía eólica puede generar más de diez veces la energía necesaria en todo el mundo. Ya grandes parques suministran electricidad a miles de hogares en todo Estados Unidos y alrededor del mundo.

En 2007, un 6 por ciento de la electricidad generada en los Estados Unidos provenía de la energía hidroeléctrica. La energía hidroeléctrica es la energía obtenida a partir del agua que cae o fluye. Actualmente es la fuente de energía renovable más utilizada en los Estados Unidos.

La **biomasa** es la materia orgánica que se obtiene a partir de plantas y animales. Podemos quemarla o podemos convertirla en otras formas útiles de energía. La biomasa libera dióxido de carbono a la atmósfera cuando se quema. Sin embargo, cuando los cultivos de biomasa crecen, capturan la misma cantidad de CO_2 mediante la fotosíntesis. Esto hace de la biomasa una fuente energética neutral de carbono.

OTRAS FUENTES DE ENERGÍA RENOVABLE INCLUYEN:

ENERGÍA GEOTÉRMICA

La energía geotérmica se produce por el calor de la roca fundida, o magma, en lo profundo de la corteza terrestre; este magma suele salir a la superficie cuando produce volcanes o aguas termales.

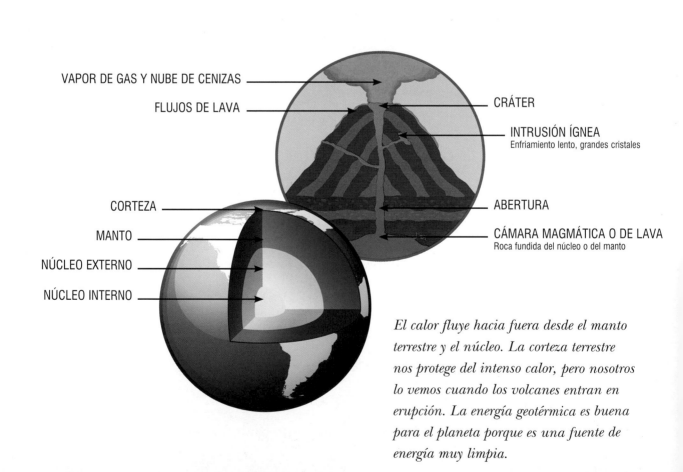

VAPOR DE GAS Y NUBE DE CENIZAS

FLUJOS DE LAVA

CRÁTER

INTRUSIÓN ÍGNEA
Enfriamiento lento, grandes cristales

ABERTURA

CÁMARA MAGMÁTICA O DE LAVA
Roca fundida del núcleo o del manto

CORTEZA

MANTO

NÚCLEO EXTERNO

NÚCLEO INTERNO

El calor fluye hacia fuera desde el manto terrestre y el núcleo. La corteza terrestre nos protege del intenso calor, pero nosotros lo vemos cuando los volcanes entran en erupción. La energía geotérmica es buena para el planeta porque es una fuente de energía muy limpia.

ENERGÍA DE LAS OLAS

La energía de las olas se produce por el flujo continuo de olas a través de una turbina.

ENERGÍA DE LA MAREA

La energía de la marea se produce cuando se atrapa el agua en una presa durante la marea alta y esta se libera luego a través de una turbina generadora de electricidad durante la marea baja.

CAPÍTULO SEIS

Decisiones personales

¿Cuál fue tu cena anoche? ¿Consumiste alguno de los alimentos cultivados localmente?

Un cambio hacia la energía renovable y limpia es un gran paso en la dirección correcta. Pero, ¿qué puede hacer cada uno de nosotros para reducir nuestro impacto negativo sobre el medio ambiente? Se comienza siendo consciente de las decisiones que tomamos cada día.

Piensa en tus comidas de la última semana. Si has cenado en un restaurante de comida rápida, ten en cuenta los envases y embalajes que se usaron para empaquetar tu comida.

Algunas cadenas de comida rápida han tomado medidas para sustituir los contenedores de espuma de poliestireno con cajas de cartón como esta. Por otra parte, las cadenas con mentalidad ecológica están yendo un paso más allá al envolver sus bocadillos en papel no estucado, que puede ir a parar directametne a la pila de residuos biodegradables.

Una vez que terminas de comer, echas todos los envases en la basura. Finalmente, los trabajadores de sanidad vierten la basura en un vertedero o la queman en un incinerador.

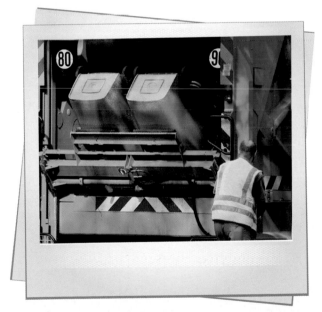

¿Cuánto de la basura de tu comida rápida pudo haber sido reciclado? Puede que parte de la basura en este camión contenga metales tóxicos. Tenemos que empezar por ser más conscientes de las decisiones que tomamos cuando tiramos nuestra basura.

Ahora piensa en todos los habitantes de la Tierra que generan la misma cantidad de basura en sus comidas. Luego añade todos los productos desechables de los que hemos ido dependiendo. Desde la década de 1960, se ha duplicado la cantidad de **residuos sólidos** que produce cada estadounidense.

¿Cuánto tiempo se necesita para que la basura se descomponga?

Lata de aluminio	de 200 a 500 años
Vaso de plástico	250 años
Plato de papel	5 años
Bolsa plástica de basura	de 10 a 20 años

¿Qué pasaría si cada uno de nosotros hiciera un compromiso personal para reducir los productos desechables? ¡El impacto podría ser enorme!

¿SABÍAS QUE...?

Los estadounidenses tiran 60 millones de botellas de plástico cada día. ¡Quiere decir 694 por segundo! El plástico no desaparece con el tiempo. Se vuelve quebradizo y se rompe en pequeños gránulos o pedacitos diminutos. Cuando los animales ingieren estos gránulos, pueden enfermarse y morir.

FUENTE: NATIONAL GEOGRAPHIC

¿Qué podemos hacer para reducir la cantidad de residuos sólidos que generamos? Algunas soluciones son muy sencillas:

- ✓ Cuando comas en un restaurante de comida rápida, toma solo las servilletas, utensilios y paquetes de salsa de tomate que vas a utilizar.
- ✓ Compra los productos con menos envases.
- ✓ **Recicla**, y compra productos reciclados.
- ✓ Usa ambos lados de una hoja de papel.
- ✓ Envía tarjetas electrónicas en vez de tarjetas de papel.
- ✓ Utiliza trapos de cocina en lugar de toallas de papel y servilletas de tela en lugar de servilletas de papel.
- ✓ Lleva siempre una botella de agua recargable.
- ✓ Empaca los alimentos del almuerzo en contenedores reutilizables en lugar de hacerlo en bolsas de plástico o en bolsas de papel desechables.

Disminuir nuestros residuos sólidos es la mejor manera de proteger el medio ambiente. Pero cuando no podemos reducir nuestra basura o encontrar una manera de reutilizarla, entonces tenemos que reciclar.

La mesa de picnic donde almuerzas se podría hacer con plástico reciclado. ¿Y qué hacer con las botellas de vidrio? Podrían servir para crear nuevos azulejos que decoren el baño o la cocina.

¿No estás seguro de qué reciclar? Puedes averiguar en el sitio en la internet del gobierno local de tu ciudad o condado.

Cuando reciclamos, podemos convertir las cosas que no vamos a usar más, en nuevos materiales o productos. La Agencia de Protección Ambiental estima que el 75 por ciento de nuestra basura se podría reciclar. Cuando las empresas fabrican nuevos productos con material reciclado, no solo evitan que haya más basura en los vertederos, sino que ahorran energía. Las compañías que hacen latas de aluminio, por ejemplo, utilizan un 95 por ciento menos de energía cuando hacen latas a partir de materiales reciclados.

Saca tiempo para reciclar. ¡Estarás haciendo un gran aporte para el futuro!

Dependemos más que nunca de los productos electrónicos. Cuando tiramos objetos electrónicos viejos y rotos a la basura, terminan en un vertedero o quemados en un incinerador.

En el vertedero, los materiales peligrosos con los que se fabrican los objetos electrónicos pueden ir a parar a nuestro suministro de agua. Cuando se quema la basura en un incinerador, el humo tóxico que sale de los productos químicos contamina nuestro aire.

¿Sabías que puedes recaudar dinero para organizaciones benéficas, escuelas y otras organizaciones reciclando cartuchos viejos de tinta?

Hay mejores maneras de lidiar con nuestros viejos aparatos electrónicos. En vez de tirarlos a la basura, dáselos a un reciclador de electrónicos. Al sustituir un cartucho de tinta de la impresora, asegúrate de reciclar el cartucho usado. Algunas compañías incluyen un sobre para que les puedas enviar el cartucho directamente. Y nunca tires las baterías usadas. Escuelas, bibliotecas y otras agencias gubernamentales las recogen para reciclarlas.

Los estadounidenses compran más de 3 mil millones de baterías cada año. Asegúrate de que tu familia y amigos sepan dónde reciclarlas.

CAPÍTULO SIETE

Tu huella en el agua

    ¿Cuánta agua se utiliza en un día? Un baño consume unos 50 galones de agua. Una ducha, 2 galones por minuto. Usas un galón cada vez que te lavas la cara o las manos, o te cepillas los dientes. Descargar el inodoro gasta aproximadamente un promedio de 3 galones. Y eso sin contar el agua que se gasta en regar el césped, cocinar y lavar la ropa.

¿SABÍAS QUE...?

Tomamos unas 28 433 duchas en la vida, que suman un aproximado de 70 000 galones de agua. ¡Eso es agua suficiente para llenar cuatro enormes piscinas!

FUENTE: NATIONAL GEOGRAPHIC

Gastamos muchísima agua por día. ¿Cómo podemos reducir nuestro impacto en el agua?

- ✓ Toma duchas más breves.
- ✓ Cierra el grifo mientras te cepillas los dientes.
- ✓ Instala duchas, inodoros y lavadoras de bajo flujo.
- ✓ Arregla los grifos que gotean. Pueden desperdiciar hasta 4000 galones de agua cada mes.
- ✓ Recoge agua de lluvia para regar tu jardín.
- ✓ Activa el sistema de regadío en la mañana o la noche. Si se riega el césped durante el calor de las tardes, se pierde mucha agua por evaporación.
- ✓ Arregla tu jardín con plantas originarias de tu región, que no requieran tanta agua o fertilizante adicional.

También tenemos que proteger el suministro de agua potable. Nunca viertas productos químicos en una alcantarilla o en el suelo. Este va a terminar en el agua subterránea que alimenta nuestro suministro de agua potable. Líquidos como las pinturas, los pesticidas y los aceites de automóviles deben llevarse a un centro de devolución, donde puedan ser eliminados de forma segura.

CAPÍTULO OCHO

Tu impacto en el carbono

Tu impacto en el carbono se calcula por la cantidad de dióxido de carbono que tu acitivdad libera a la atmósfera. La electricidad y el transporte pueden ser dos de los mayores emisores de carbono, por lo que cada vez que reduces el uso de la electricidad, o vas en bicicleta en lugar de ir en coche, estás reduciendo tu impacto en el carbono.

Bombilla fluorescente compacta

¿Cómo puedes reducir tu impacto en el carbono?

✿ Apaga las luces cuando salgas de una habitación.

✿ Reemplaza las bombillas incandescentes con bombillas flourescentes compactas.

✿ Apaga el televisor, el reproductor de DVD y el equipo que no estés utilizando. Mejor aún, conéctalos todos a una regleta con un interruptor on/off. Cuando están en *off,* los aparatos quedan en modo de espera, pero siguen usando energía. Puedes ahorrar esa energía cortando el suministro eléctrico después de apagar el aparato.

✿ Reduce la calefacción en un grado o dos.

✿ Desconecta los cargadores de tus teléfonos celulares y reproductores de MP3 cuando se terminen de cargar.

✿ Camina o anda en bici en vez de ir en carro.

✿ Siembra un árbol.

CAPÍTULO NUEVE

Receta para un planeta sano

La mejor receta para un planeta sano es que los humanos dejen poca o ninguna huella sobre el planeta. Sin embargo, este es un noble objetivo que no se logra fácilmente. Por suerte, los pensadores creativos de todo el mundo están aportando nuevas y maravillosas ideas que podrían ayudar a lograr esta meta.

Los ingenieros de Australia queman biomasa para generar electricidad. Al quemarla en un ambiente libre de oxígeno, no permiten que el carbono de la biomasa escape hacia la atmósfera. Por el contrario, permanece en el carbón que queda después que se quema toda la biomasa.

Este **carbón vegetal** se convierte en un gran fertilizante. Cuando se mezcla con el suelo, mejora el rendimiento de los cultivos. Sorprendentemente, los científicos creen que, de hecho, este podría ayudar a revertir el calentamiento global debido a que retiene el carbono, ¡que de otro modo acabaría en el aire!

El calor de las aguas residuales es otra nueva fuente de combustible. Los sistemas para recuperar el calor de los alcantarillados brindan energía para la calefacción y el aire acondicionado de los hogares de Oslo, Tokio y otras ciudades. Los ingenieros en Vancouver, Columbia Británica, utilizaron esta tecnología cuando se construyó la Villa Olímpica para los Juegos Olímpicos de Invierno de 2010.

Otros científicos están trabajando en desarrollar aviones más silenciosos, y que usen energía más limpia, biocombustibles a partir de algas, y automóviles que funcionen con baterías de hidrógeno. Es emocionante pensar que algún día podríamos dejar de añadir dióxido de carbono a la atmósfera, e incluso comenzar a revertir el daño que ya hemos hecho.

Cada uno de nosotros deja una huella en la Tierra. Las decisiones que tomamos todos los días determinan el tamaño de ese impacto. Haz lo que puedas para reducir tu huella y ayuda a otros a entender que si todos damos aunque sean pequeños pasos en la dirección correcta, podemos lograr una diferencia.

GLOSARIO

biomasa: materia orgánica que proviene de los seres vivos, tales como residuos vegetales y desechos de animales

carbón vegetal: carbón que se produce cuando la biomasa se quema en un ambiente libre de oxígeno

calentamiento global: crecimiento gradual del promedio global de temperatura

combustibles fósiles: carbón, petróleo y gas natural, formados de los restos de organismos prehistóricos

combustibles vegetales: material vegetal, estiércol y otros materiales orgánicos usados como combustible

energía no renovable: fuentes de energía limitadas como los combustibles fósiles: el carbón, el petróleo y el gas natural

energía renovable: fuente de energía inagotable, que puede usarse y reusarse, como la energía del viento, de las olas y del Sol

energía solar: energía proveniente del Sol

gases de efecto invernadero: gases como el dióxido de carbono o el metano que retienen el calor en la atmósfera de la Tierra

huella ecológica: medida de la cantidad de recursos de la Tierra que se necesitan para sostener a una persona o a una nación determinada.

huella humana: impacto ecológico de la vida de una persona en la Tierra

reciclar: recoger los artículos que ya no se usan y utilizarlos para producir artículos nuevos

reducir: disminuir, hacerlo más pequeño

residuo sólido: material de desecho sólido; basura

revolución industrial: cambio importante en la sociedad que se produjo cuando las máquinas, impulsadas por combustibles fósiles, comenzaron a utilizarse para producir alimentos y otros productos

Índice

Sitios en la internet

www.kidsfootprint.org/index.html

www.epa.gov/kids

www.fws.gov/endangered/kids/

www.alliantenergykids.com/stellent2/groups/public/documents

kids.mongabay.com

Acerca de la autora

Jeanne Sturm creció explorando los bosques, las cascadas y las riberas de los ríos cerca de su casa en Chagrin Falls, Ohio. Luego se mudó a Florida y aprendió a hacer windsurfismo, donde conoció a su futuro esposo. Actualmente Jeanne, su marido y sus tres hijos viven en Land O 'Lakes, Florida, con Astro, su perro, y sus conejitos Chester y Lucy.